中国古代造船与航海

◎主编 金开诚
◎编著 赵艳娟

吉林文史出版社
吉林出版集团有限责任公司

图书在版编目（CIP）数据

中国古代造船与航海 / 赵艳娟编著. -- 长春 :
吉林出版集团有限责任公司 : 吉林文史出版社,2010.11 (2023.4重印)
ISBN 978-7-5463-4109-5

Ⅰ. ①中… Ⅱ. ①赵… Ⅲ. ①造船工业-工业史-中国-古代②航海-交通运输史-中国-古代 Ⅳ.①F426.474②F552.9

中国版本图书馆CIP数据核字(2010)第222250号

中国古代造船与航海

ZHONGGUO GUDAI ZAOCHUAN YU HANGHAI

主编/ 金开诚 编著/赵艳娟
项目负责/崔博华 责任编辑/崔博华 许多娇
责任校对/许多娇 装帧设计/李岩冰 董晓丽
出版发行/吉林出版集团有限责任公司 吉林文史出版社
地址/长春市福祉大路5788号 邮编/130000
印刷/天津市天玺印务有限公司
版次/2010年11月第1版 印次/2023年4月第5次印刷
开本/660mm×915mm 1/16
印张/9 字数/30千
书号/ISBN 978-7-5463-4109-5
定价/34.80元

前言

文化是一种社会现象，是人类物质文明和精神文明有机融合的产物；同时又是一种历史现象，是社会的历史沉积。当今世界，随着经济全球化进程的加快，人们也越来越重视本民族的文化。我们只有加强对本民族文化的继承和创新，才能更好地弘扬民族精神，增强民族凝聚力。历史经验告诉我们，任何一个民族要想屹立于世界民族之林，必须具有自尊、自信、自强的民族意识。文化是维系一个民族生存和发展的强大动力。一个民族的存在依赖文化，文化的解体就是一个民族的消亡。

随着我国综合国力的日益强大，广大民众对重塑民族自尊心和自豪感的愿望日益迫切。作为民族大家庭中的一员，将源远流长、博大精深的中国文化继承并传播给广大群众，特别是青年一代，是我们出版人义不容辞的责任。

本套丛书是由吉林文史出版社和吉林出版集团有限责任公司组织国内知名专家学者编写的一套旨在传播中华五千年优秀传统文化，提高全民文化修养的大型知识读本。该书在深入挖掘和整理中华优秀传统文化成果的同时，结合社会发展，注入了时代精神。书中优美生动的文字、简明通俗的语言、图文并茂的形式，把中国文化中的物态文化、制度文化、行为文化、精神文化等知识要点全面展示给读者。点点滴滴的文化知识仿佛颗颗繁星，组成了灿烂辉煌的中国文化的天穹。

希望本书能为弘扬中华五千年优秀传统文化、增强各民族团结、构建社会主义和谐社会尽一份绵薄之力，也坚信我们的中华民族一定能够早日实现伟大复兴！

目录

一、中国古代航海与海外交通

打开地图，中国的地形大势一目了然地展现在面前，一望无际的沙漠和绵延不断的高山，把北、西、南三面环抱起来。在其东面，则是辽阔无垠的海洋。这样的地形大势往往使人们把中国看作是一个内陆国家。然而，从华中到华南的漫长而又曲折的海岸线上，分布着许多天然的港口。大自然的这种赐予，为我国航海事业的发展提供了有利的条件。

从古代起，中国有不少人已往返于海外了。我国历史上的对外交往，源远流长，主要是沿陆路与海路两条路线进行的，其中又分南北各两道。由张骞开辟而形成的陆上“丝绸之路”，在中西方经济文化交流中做出了重要的贡献。但是，我国不仅是一个大陆国家，而且也是一个海洋国家，在世界航海史上记载着我们祖先征服海洋的英雄业绩，在世界历史中载有我国与海外各国相互交往对全人类做出的贡献，其中最杰出的代表，当推有

着下西洋壮举的郑和。

我国古代海外交通史，大致可以分为四个阶段。秦以前为第一段，为形成时期。安史之乱以前，包括两汉、魏晋南北朝、隋、唐前期为第二段，为发展时期。明中叶以前为第三段，包括五代十国、宋、元直到郑和下西洋及稍后欧洲人尚未东来中国为止，为鼎盛时期。鸦片战争以前为第四段，包括明代中后期、清代前期，是我国海外交通衰落的时期。

（一）先秦时代的遗风

秦以前我国的海外交通史中，尚无确切资料可以说明我国古代的航海家最

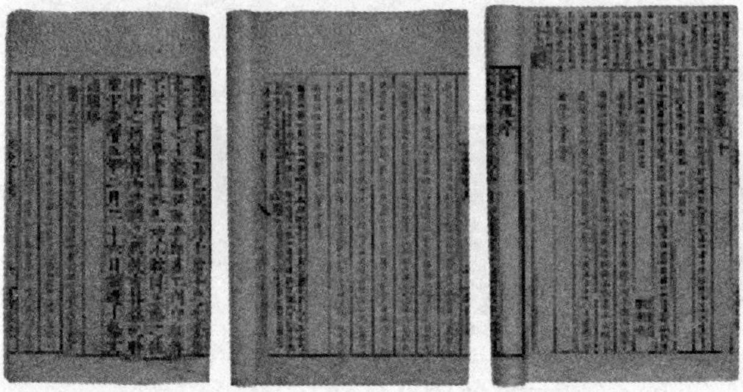

远可以航海到何处。早在七千年以前的新石器时期，我们祖先可能已经运用舟楫进行沿海漂流了。这一时期的船只以舟楫为主要样式，这些舟楫都是利用自然力量进行航行的。虽然，一路上会面临无数的艰难险阻，但此时航海的可能性是存在的。因此，这一时期到武王伐纣时期，由中国北方航行到日本是极有可能的事。

如果我们承认王充《论衡》一书所记载的航海历史，那么就应当肯定当时我国南方与越南，北方与日本已有初步的交往，否则是无法进行“礼尚往来”的外交活动的。同时，中国自古以来就有漫长的海岸线，这就为我们的祖先进行海上活动，发展海上交通提供了极为有利的条件。要进行航海活动就要有船只，我国的造船业早在远古时期就开始了，这在世界造船史上也是很惊人的。新石器时代，我们的祖先就广泛使用了独木舟和筏，并以其强大的勇气和智慧走向了茫茫的海洋，为我国的航海业在后来的伟大发展奠定了基础。

（二）前进中的秦始皇时代

春秋战国一直到秦朝，海战开始频繁起来。在国内沿海交通畅通无阻的基础上，秦始皇数次出去巡海，《史记》《汉书》中都有记录，并且有秦朝到朝鲜、日本的航海记录。这些都反映了先秦的航海能力。显然，这和当时黄河流域为我国经济文化中心这一客观条件相适应。当然，我们不能因此忽视这一时期秦朝向南对

南岭的开发，虽然由于历史条件的限制，似乎没有往印度及其以西做更远的探求，但这毕竟是我国向南海航行跨出的第一步。

秦汉时期，我国造船业的发展出现了第一个高峰。由于当时战争的需要，秦始皇在统一中国的过程中组织过一支能运输数十万石粮食的大船队。据古书记载，秦始皇曾派大将率领用楼船组成的舰队攻打楚国。秦始皇重视航海，统一全国后，曾五次巡视各地，包括渤海沿岸的一些港口，在芝罘（今山东境内）刻立石碑。他最后一次巡视是从镇江附近乘船出海，扬帆北上，再次到达芝罘。秦始皇为我国造船业的发展做出了巨大的贡献，秦朝有几次较大规模的航海活动，徐福东渡日本，就是其中的一次。

（三）接力中的“三国两晋南北朝”

三国两晋南北朝一直到隋朝，国内

经济重心已逐渐由北向南转移，尤其是东吴地处沿海，与海外交通频繁，但他们航行地区并未超过汉代航程所达到的范围。而大秦商人秦仑于黄武五年由交趾来吴都谒见孙权，并带走中国南方男女各十人归还本国一事，可以看作是汉桓帝派遣使臣去日，献物通好的继续。但这一时期，吴国与大秦及所属领土的大规模直接远洋航海往来，特别是不经印度中转，恐非当时历史条件所能实现的。

在魏晋时期，汉代开辟的南海的航路范围在进一步地扩展。从西晋短期统一到南北朝时期，南海航路的中外贸易一直持续不断，同中国开展贸易的国家也在日益地增多，东南亚和南亚地区的国家也派遣使者入贡和直接由海商贩货到广州。这时期我国海外贸易的发展也为我国的航海事业的发展贡献了力量。

魏晋南北朝时期，以中外僧人开

始通过海路往返于中印之间为特点，中国航海业继续发展。其中东晋高僧法显，从陆路到印度取经，从狮子国(今斯里兰卡)附乘搭载二百余人之“商人大船”归国，途中历尽艰险，经停耶婆提五个月，换船“东北行趣广州”，由于“天多连阴，海师相望僻误”，商船越过广州，往北漂到“长广郡界牢山南岸”。回国后著有《佛国记》。

(四) 璀璨夺目的“汉唐盛世”

“汉唐盛世”几乎已经成为我国封建社会政治、经济、文化高度发达的一个标志。因此，在北宋时期就有“边俗指中国为汉唐”的情况。汉代是我国历史上一个长期集中统一的朝代，张骞通西域和汉使通西洋，是汉代时期值得庆贺的事，也是已经载入我国航海史册的两件大事。

到了汉朝，我国以楼船为主力的水师已经十分强大。据说在当时的战役中，出动的船只可以达到上千艘，人数可以达到几十万。舰队中配备有各种作战舰只，有在舰队最前列的冲锋船“先登”，有用来冲击敌船的狭长战船“蒙冲”，有速度极快的快船“赤马”，还有上下都用双层板的重武装船“槛”。当然，楼船是最重要的船舰，是水师的主力。楼船是汉朝有名的

船型，它的建造和发展也是造船技术高超的标志。楼船在我国古代造船史中占有很重要的位置。

隋大业三年，常骏等人出“赤土”国到达马来半岛，即由“南海郡”出发。同时，就当时国内航海交通情况看，其航海规模，显然是比汉代有所发展。但总的来说，南向往西航行的航程仍然没有超越汉使航程的范围，主要的目标仍是印度。由此，可以认为三国两晋南北朝时期的海外交通，是汉代至唐代航海探索的过渡阶段。隋朝常骏、王君政从广州出使赤土国，取道西沙和南沙海域，对这一带海域有更多了解和记载；唐高僧义净取道南海游学天竺（印度）等国二十五年，所撰《大唐西域求法高僧传》二卷和《南海寄归内法传》四卷中有不少关于南海史地的重要资料。

被人们赞颂“历代国威，以唐为最”

的唐朝，是我国历史上极为繁荣昌盛的朝代，它的领土超过了西汉帝国的极盛时期。“贞观之治”几乎成为之后历代封建王朝统治者治国平天下的愿景。唐代，到处充满一片太平富庶的景象。在经济发展的基础上，唐朝采取了对外开放的政策，促进了中外文化的交流。

东方国家朝鲜、日本在长安学习的留学生众多，日本遣唐使来华之盛，这些在世界历史上都是罕见的。阿倍仲麻吕在华活动和鉴真和尚东渡日本，体现了中日两国之间深厚的友谊，已成为中日关系史上

流芳百世的佳话。我国古代造船业的发展也是在此时进入了成熟时期。秦汉时期出现的造船技术，如船尾舵、高效率推进工具橹以及风帆的有效利用等，到了这个时期得到了充分发展和进一步的完善，而且创造了许多更加先进的造船技术。隋朝发达的造船业也为这一时期造船技术的发展奠定了基础，并且隋朝已能够建造大型龙舟。隋朝的大龙舟采用的是榫接结合铁钉钉联的方法。用铁钉比用木钉、竹钉联结要坚固牢靠得多。隋朝已广泛采用了这种先进方法，这是隋朝对我国古代造船业最大的贡献。

到了唐代，无论从船舶的数量上还是质量上，都体现出我国造船事业的发达程度。工匠们能根据对船的性能和用途的不同要求，先制造出船的模型，进而画出船图，再进行施工。欧洲在16世纪才

出现简单的船图，落后于中国三四百年。古代船舶多是帆船，遇到顶风和逆水时行驶就很艰难，车船在一定程度上克服了这些困难，它是原始形态的轮船。这说明中国的造船业在世界上已经达到领先的水平。

唐代广泛吸收了外来的经济文化，从而促进了自身的经济文化的发展，成为当时世界上最大的经济文化统一的文明国家，它的经济文化影响了四邻各国，乃至影响到了欧洲。虽然如此，唐代海外交通超越汉代的主要标志，则为开辟了由南向西发展，越过印度洋，航行于波斯湾和阿拉伯半岛一带的航线，这条航线结束了所谓“公元3世纪到7世纪末是中国和印度交往的伟大时代”，而创造了所谓“8世纪到13世纪是中国和阿拉伯交往的伟大时代”。由此可见，由广州到波斯湾、阿拉伯半岛一带的海道，在唐代已通行无阻。

唐代是中国古代航海的巅峰时期，中外商船频繁航行于中国、印度和阿拉伯之间。咸亨二年，中国高僧义净从广州起航前往印度，途中经停室利佛逝(今苏门答腊)，咸亨四年抵印度恒河口耽摩栗底国。义净在印度求经学法十年，仍从海路东归，在室利佛逝久停，永昌元年回到广州。同年义净又从广州重往室利佛逝，直到证圣元年才最后归国。在取海道往返

于中印之间的唐代僧人中，义净是最著名的一位，他的航程从侧面反映了唐代海外交通的繁荣。

在唐代，随着人们航海次数的增加，逐渐形成了海上丝绸之路。中国和西方诸国由此建立了非常密切的联系。从汉代至唐代，其间的历代王朝，总是想尽量地控制陆上丝绸之路，努力经营西域。可是东汉时期，一条经云南西部到缅甸出海和另一条从广东经南海到印度、斯里兰卡，最后经波斯湾到达罗马的两条通向欧洲的海上丝绸航线终于铺就，东西文明开始广泛交流。自唐末，特别是八世纪以来，陆上的丝绸之路渐渐失去了它的重要性，取而代之的航海线路取得了巨大的发展。随着造船技术和航海技术的不断发展，海上运输显得越来越重要了。

汉代造船业的发展，为后世造船技术的进步，奠定了坚实的基础。据《汉书·地理志》关于汉代航海的记载，自汉武帝肇始，到汉平王王莽辅政为止，这一百多年间，已形成由我国雷州半岛出发，过南海到达海外的这一条航线。

（五）宋代以后的辉煌

到了宋代，以广州和泉州为基地港航海到印度、波斯湾各地区的中国商船，都是坚实牢固的大型船舶。当时被称作是“大食船”的阿拉伯和波斯的商船与其相比之下，不仅体型小，而且建造的技术也很差。因此，那时来航中国的印度和伊斯兰的商人中，搭乘中国船舶的人很多。东来的货物，也大多由中国的船

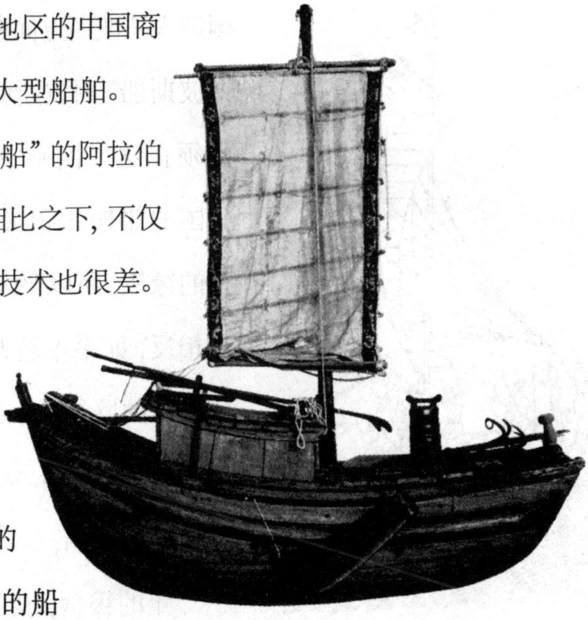

只来装载。

中国的船只之巨大，在唐末时便可以知道。苏莱曼，这位到过中国和印度的阿拉伯人，在他的游记中就记载了中国商船因为体积的巨大，吃水深而不能直接进入幼发拉底河河口的情形。

由于对外贸易的繁盛，在宋代相应出现了不少专门记述海外诸国事情的著作。1178年周去非的《岭外代答》，明确地记述了当时海上交通的实况。其书云：中国商人往波斯方面者，必须在印度西岸改搭波斯船。而波斯商人要进入中国者，则必须在这里换乘中国的大船。这是因为中国的船舶体积大，不便于在波斯湾航行的缘故，所以要改乘小型的波斯船。与之相反，如果不是大型的中国船，要越过印度洋的风浪是很困难的。可见，航行在印度洋上的商船，大部分是中国的大船。

这些大船，一船能容数百人，船中可积一年的粮食，设“纲首”为统率。樯帆

高挂，浮海而行，犹如垂天之云。此等帆船在海上航行，无风时则用橹，一般备橹八至十支，有的船也有二十几支，船内划分为数区，用严密的防水舱壁分隔开来，是一种即使一处损伤而不致影响全体的水密舱装置。在这些商船上，已经开始使用罗盘了。

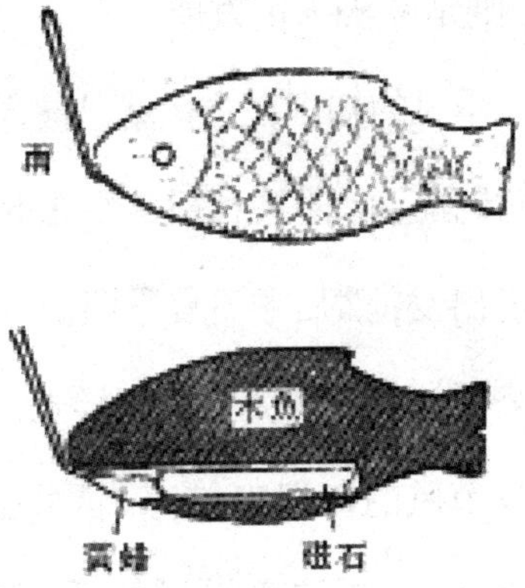

木头指南鱼

磁石指极针是中国人的伟大发明。早在公元1世纪前后，文献上对此便有了明确的记载。它是一种在一块刻成鱼形的木片上安上磁针，把木鱼放在水中，让其浮在上面可以确定方向的装置。应用这种原理制作的装置，称为“指南鱼”。这种装置可以应用于海上导航。

阿拉伯人从中国船上学会了磁石的使用方法，并通过他们进一步地把磁石的知识传给了欧洲人。在这之后开始的“大航海时代”，磁石发挥的重大作用是众所周知的。但是，像现在这样制造的罗盘，则是欧洲人的发明。

季风的知识在古代就已被人所了解。当时的航海，便是利用冬季东北风从中国海港出发，然后顺着夏季西南风回国的办法来进行的，包括在印度洋上，也同样利用季节风的知识来航海。因此，中国到波斯之间，如果遇上顺风的话，除了途中的在港口停靠的天数90至100天外，贸易船大体需要在海上航行一年，而往返则需要两年的时间，在这一点上，郑和的船队也是完全一样的。

由于我国古代政府的积极鼓励，先进的造船技术使大船的建造成为可能，

航海技术方面的进步和经验的积累为航海提供了比较安全的条件，因此，宋代海外贸易呈现了空前活跃的局面。在11世纪到12世纪，远洋航海的发展时期，中国的船只到达印度、波斯，航迹直接扩展到了东非沿岸。中国商船因此获得“戎克”之名，此名还传到了遥远的西方，并一直流传到现在。中国人被世人称作“最勇敢的航海者”。

此外，宋代海员掌握的深水探测的技术已经达到了相当纯熟的地步。追溯到了唐朝末年，海上已经出现很多的探测设备。在宋元时期这些探测设备得到更广泛地应用，可以使船不至于“搁浅”或者“倾覆”。海上航行还利用信鸽为通信工具，这方面也反映了当时航海技术的进步。运用这时期的造船工艺和航海技术制造的海船可以乘风破浪，还能使航海更加的安全，航海的日程也大大地缩短了。约在公元1329年至1345年，汪大渊从当时中国最大海港——泉州港附乘商船远航，“足迹几半天下”。回国后他根据“身所游览，耳目所闻见”写下了包括他到过的九十九个国家和地区的《岛夷志略》，反映了元代中国海外交通的广大规模。

元朝政府在今海南海口港外设置白沙水军，负责海上巡逻，进一步加强对南海诸岛海域管辖。元二十九年大将史弼领兵五千远征爪哇，“发泉州，过七洲洋，万里石塘，历交趾、占域界”。这支舰队取道

西沙（也可能包括南沙海域）发动进攻，虽以爪哇路途遥远未能成功，但显示出元代海上活动范围比宋代更为宽广。

明朝时期，我国造船业的发展达到了第三个高峰。元朝继承和发展了唐宋的先进造船工艺和技术，大量建造了各类船只，其数量与质量远远超过前代。元军往往为一个战役就能一举建造几千艘战船。当时元朝初期仅水师战舰就已有一万七千九百艘。此外，还有大量民船分散在全国各地。当时，阿拉伯人的远洋航行事业逐渐衰落，在南洋、印度洋一带航行的几乎都是中国的四桅远洋海船。中国在航海船舶方面居于世界首位，船舶性能远远优越于阿拉伯船。元朝造船业的大发展，为明代建造五桅战船、六桅座船、七桅粮船、八桅马船、九桅宝船创造了十分有利的条件，迎来了我国造船业的新高潮。据一些考古的新发现和古书上的记载，明朝时期造船的工场分布之广、规模之大、配套之全，是历史上空前的，达到了我国古代造船史上的最高水平。主要的大规模造船场有南京龙江船场、淮南清江船场、山东北清河船场等。

明朝造船工场有与之配套的手工业工场，加工帆篷、绳索、铁钉等零部件和木材、桐漆、麻类等堆放仓库。当时造船材料的验收，以及船只的修造和交付等，也都有一套严格的管理制度。这样雄厚的造船业基础，为明朝的郑和七次下西洋的远航壮举打下了坚实的基础。

清代的造船技术与明代大致相仿。就船舶的载重量而言，虽然也有千吨以上的，但多数都在三四百吨之间。特别是由于封建专制制度的重重阻碍和西方国家垄断东西方的贸易，清朝时期，中国的商船再也无法进入印度洋的领域，船员的航海技术，也因缺乏实践而处于落后的状态。尽管如此，当时中国的帆船，从设计到航海

的许多方面，仍然受到人们的关注。从禁海到开放海禁，这是清政府的一个重大的政策的转变。但是在开放海禁以后，所开放的区域仍然有一定的局限性。乾隆二十四年，清政府正式关闭江海、浙海和闽海三个口岸，指定外国的商船只能在中国广东一带进行贸易，并且对丝绸、茶叶等传统产品的出口量，加以严格控制。

总之，在经过秦汉时期和唐宋时期两个发展高峰以后，明朝的造船技术和工艺又有了很大的进步，登上了我国古代造船史的顶峰。明朝造船业的伟大成就，久为世界各国所称道，也是我国各族人民对世界文明的巨大贡献。

二、中国古代主要船只简介

中国是世界上造船史最悠久的国家之一。到20世纪50年代我国所出现的船型估计就有上千种，多种多样的木船船型，丰富的海洋渔船船型，如此多的船型体现了我国古代造船技术的发达和我国航海事业的发展。我国古代航海木帆船中的沙船、鸟船、福船、广船是有名的船舶类型，尤以沙船、福船驰名于中外。下面简单地概括一下我国古代的主要船型。

(一) 唐代船的代表——沙船

在唐代我国的造船技术与工艺已经有了相当大的发展。

我国古代的一种重要的船型——沙船就是在唐代出现于江苏崇明。沙船的前身可以上溯到春秋时期。沙船在宋代称“防沙平底船”，在元代称“平底船”，明代才通称“沙船”。所以说沙船这种船型也不是一开始就有的，它是经过几代

人甚至是几十代人的不断改进发展而来的。下面介绍一下沙船这种船型的主要特点。

沙船方头方尾，俗称“方艄”；甲板面宽敞，型深小，干舷低；采用大梁拱，使甲板能迅速排浪。沙船采用平板龙骨，比较弱，宽厚是同级缯船的百分之四五十，结构强度仍比其他同级航海帆船大。它采用多水密隔舱以提高船的抗沉性，七级风能航行无碍，又能耐浪，所以沙船航程远达非洲。

在清代道光年间上海就有沙船五千艘，估计当时全国沙船总数在万艘以上。

沙船运用范围非常广泛，沿江沿海都有沙船踪迹。早在宋代以前公元10世纪初，就有中国沙船到爪哇的记载，在印度和印度尼西亚也有沙船造型的壁画。

（二）富贵福气的福船

明初，造船业分布极广，范围也在不断地扩大，福州是明代南洋航运的主要根据地之一。当时明朝政府与海外诸国进行朝贡贸易，曾在闽江口外的五虎门建立市舶提举司，并建有进贡厂、交盘厅、库房等，通商的海船就在闽江口外修造。这一切都为福船的出现提供了有利的条件。

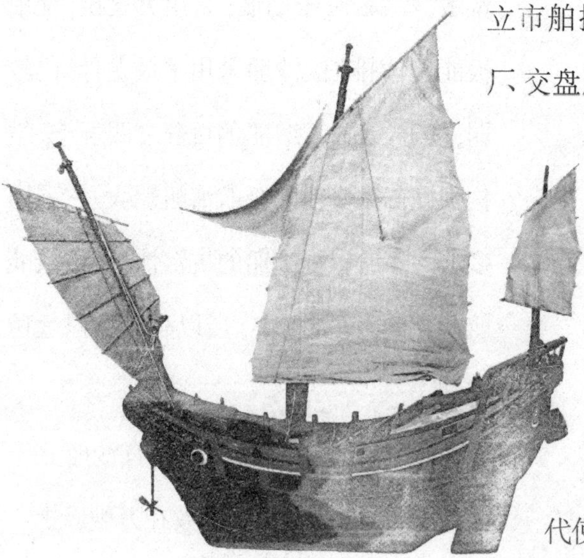

福船是一种尖底海船，在我国明代使用得较多。福船是福

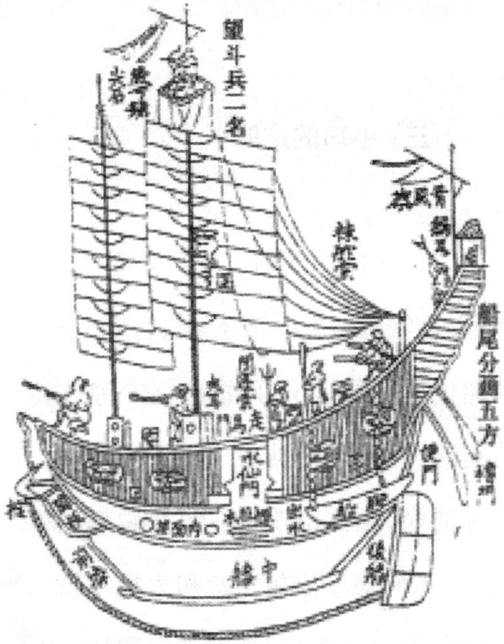

建浙江一带沿海尖底海船的通称，它以行驶于南洋和远海著称。宋人说：“海舟以福建为上。”明代我国水师以福船为主要战船。

古代福船高大如楼，让人看起来有一种富贵大气的感觉。全船分四层：下层装土石压舱；二层住兵士；三层是主要操作场所；上层是作战场所，居高临下，弓箭火炮向下发，往往能克敌制胜。福船首部高昂，又有坚强的冲击装置，乘风下压能犁沉敌船。福船吃水四米，是深海作战的优良战舰。这些便是福船的主要特点。

郑和下西洋船队的主要船舶所用的船只便是福船。由此说明福船这一船型较其他船型的优势之处。

（三）小巧的广船

广船，由其命名就可以看出是产于广东，就像我国南方小巧玲珑的女孩一样，广船也是呈现出小巧的特点。它的基本特点是头尖体长，梁拱小，甲板脊弧不高，船体的横向结构用紧密的肋骨跟隔舱板构成，纵向强度依靠龙骨和大撇维持。结构坚固，有较好的适航性能和续航能力。

（四）奇特雄伟的楼船

楼船虽然远在汉代以前就已出现，但它的发展却是从汉代开始的。汉代造船技术的不断发展，为楼船的出现提供了有利的条件和奠定了良好的基础。汉武帝曾经下令在豫章（今山西）建造过一种大船，称为“豫章大船”，规模宏大，可载万人，船上可营造宫室。

汉代楼船高十余丈，船上的各种建筑物都各有专名。楼船的甲板上有三层建筑，每一层的周围都设置半人高的防护墙。第一层的四周又用木板围成“战格”，防护墙与“战格”上都开有若干箭孔、矛

穴，即能远攻，又可近防。甲板建筑的四周还有较大的空间和信道，便于士兵往来，甚至可以行车、骑马。

楼船不但外观高大巍峨，而且列矛戈、树旗帜，戒备森严，攻防皆宜，是一座真正的水上堡垒。由于楼船身高体大，极具威慑力，一般用作指挥船，只是它的行动不够灵便，在水战中，必须与其他战船互相配合。东汉的伏波将军马援曾经一次率楼船两千余艘浮海，这充分说明了当时造船的规模和能力。

（五）气派的大龙舟

在公元640年，隋炀帝杨广为了要到扬州一游，命官吏督造龙舟及杂船数十艘。所造之船上层有正殿、内殿、东西朝堂，中间两层有一百二十个房间，全部用金玉装饰，还有高三层的龙舟九艘。

大龙舟高数层，船体要用很多大木

料。木料的长度有限，这就要求把许多较小较短的木料联结起来。这对船体的骨架与木板之间、船体与上层建筑物之间的联结技术要求很高，联结不好就不坚固，所以在龙舟的结构强度中，联结是极重要的。

（六）船中之宝的郑和宝船

在郑和下西洋庞大的船队中，有一类被称作“宝船”的大型船舶，其规模甚巨，引人注目，因而在许多典籍中都有详细的记录。当时，最大的宝船的长与宽约为一百三十八米和五十六米，这样可以保证船在行驶中大幅度的横向的强度，这符合科学原理和我国古代造船的传统。大型的木船不宜得过于狭长，以避免海中的风浪冲击而导致断裂。

郑和下西洋所用的宝船，是在明朝中央政府的直接控制之下，以强制劳动的方式进行生产制造的。船厂所需的各种造船材料都是明朝政府调配供应的。明朝政府实施的这些一系列措施对郑和宝船的建造与发展起到了促进作用。宝船采用的是中国古代适于远洋航行的优秀船型——福船型。它高大如楼，底尖面阔，首尾高昂，首尖尾方，两侧有护板，船舱为水密隔舱结构。底尖利于破浪，吃水深，稳定性好，安全舒适，是航行于南海

和西洋航线最先进的海船，也是古代世界最大的木帆船。

关于郑和宝船的实际用途，我们还可以从《西洋记》中有关宝船建造的记载中窥见一斑。郑和船队中最大的宝船与其他的船只是迥然有别的，其上建有头门、仪门、官厅、穿堂、后堂、库司、侧屋，另有书房之类的屋子，这样的布置俨然与陆地上的房屋是一样的。随郑和第七次下西洋的巩珍也曾经形象地描绘了这艘巨大宝船“体式巍然，巨无与敌，非二三百人莫能举动。”这些记录都说明了郑和宝船的宏伟与壮观。

三、中国古代船只船体主要结构

（一）古代船的遥控器——船尾舵

船尾舵是控制船的航向的，在商朝就已经被我国古代先民所使用。随着时代的不断发展，船尾舵也在不断地改进和发展。我国对船尾舵的研究主要是从古代出土的文物中获得资料的。

比如说：出土于广州和湖北江陵的汉代船只模型都有一个共同的特点，就是

船尾都设有桨手，用来控制和操纵舟船的航行方向，这种设于尾部的桨通常称为操纵桨。桨柄增长就成为艄，用以控制船的航向。操纵桨在长期的应用中增加了桨叶的面积，便于控制船的方向，然后逐渐产生了真正的舵。

船尾舵虽然在船体的整个建造过程中是一个很小的部分，但是它却是一个必不可少的部分。因为，船只在不断地航行过程中，它的方向转变是要靠这个小船尾舵来控制的。船尾舵的出现，在造船史中是很重要的一个环节。

（二）鲁班的杰作和马可·波罗的盛赞

对于橹的发明，可以说是世界造船史上的奇迹。更加庆幸的是这个世界造船史上的伟大发明是由我们的祖先完成的，我们无不为我们伟大的祖先感到骄傲和自豪。橹最早出现的年代目前我们已经不得而知，但是一直流传着一个美丽的传说，这就为橹的发明与创造增添了更加神秘的色彩。

传说鲁班看见鱼儿在水中挥尾前进，遂削木为橹。这一简短的传说不足以说明橹的来历，但它却足以证明我国古代先民的聪明智慧。橹的外形有点像桨，但是比较大，一般支在船尾或船侧的橹檐上，入水一端的剖面呈弓形，另一端则系在船上。用手摇动橹檐绳，使伸入水中的橹板左右摆动。橹摆动时，船跟水接触的前后部分会产生压力差，形成推力，推动船只前进，就像鱼儿摆尾前进。这样形象而又有趣味的传说让人们对船橹有了更多的了解和认识。

在古时候，对于橹，更有“一橹三桨”的说法，认为橹的效率可以达到桨的三倍，因为从桨到橹的变化，事实上就是从间歇划水变成连续划水，这样橹不仅可以提高划船的速度，更为我国古代造船技术的发展史添上了重要的一笔。

除此之外，马可·波罗还在他的著作中记述了在海船中桡的使用，大型船舶有两三艘小船随行航海。每航海一年必须修理一次，达到第四次以后便作为废船进行处理等。这些橹与桡的使用，使这位出身于当时欧洲最先进商业都市威尼斯的马可·波罗都感叹不已。

（三）现代船的始祖和美丽的龙骨

车船，中国在世界造船史上的又一大贡献，现在已是人们公认的现代轮船的始祖。车船是一种战船，船体两侧装有木叶轮，一轮叫作一车，人力踏动，船行如飞。到了宋代，火药与车船，已成为两项最重要的军事武器。

龙骨结构是造船业中的一项重大发明，对世界船舶结构的发展产生深远的

影响。宋代尖底海船甲板平整，船舷下削如刃，船的横断面为V形，尖底船下设置贯通首尾的龙骨，用来支撑船身，使船只更坚固，同时吃水深，抗御风浪能力十分强。欧洲船只于19世纪初才开始采用这种龙骨结构。

（四）堪称一绝的“水密隔舱”

水密隔舱这种重要的船体结构出现于唐代，在唐代船体的建造中普遍地使

用这种结构。它在我国的造船史上堪称一绝。

水密隔舱就是用隔舱板把船舱分成互不相通的一个一个舱区，其中的船舱数量的多少有所不同。唐代人发明的这种造船的船体主要结构具有很多优点，是在先前船体结构的基础上进行发明和创造的。这一船体结构的出现为我国古代造船业的发展做出了又一重大的贡献。

首先，因为在这种船体结构中，船舱与船舱之间是分开的，这样在航行中，特别是在远洋航行中，即使有一两个舱区破损进水，水也不会流到其他舱区。因此，水密隔舱既提高了船舶的抗沉性能，又增加了远航的安全性能。

其次，因为船舱与船舱之间是分开的，这样就有利于装货与分货。不同的货主可以同时在不同的舱区中装货和取货。这样既提高了装卸的效率，又便于船主进行管理。

再次，这时期出现的水密隔舱与船板相连接，这样不但增加了船舶整体的横向强度，而且让造船者不必再用龙骨来加固船舱，使得造船的工艺简单化了。

最后从船的整体来看，船体本身仍然保持有相当的浮力，不至于沉没。如果进水太多，船支撑不住，只要抛弃货物，减轻载重量，就不会很快沉入海底。如果船舶破损不严重，进水不多，只要把进水舱区里的货物搬走，就可以修复破损的地方，不会影响船舶继续航行。

四、中国古代著名航海家

(一) 伟大的郑和

郑和，原姓马，回族，生于洪武四年，云南昆阳州宝山乡和代村人，郑和的先世是西域人。郑和的家庭世代都信奉伊斯兰教，他的祖父和父亲都是地道而虔诚的教徒，他们都曾经由云南远涉重洋去朝拜天方麦加圣地。郑和本人也信奉伊斯兰教。永乐十五年，他出使西洋时，路过泉

州，在泉州伊斯兰圣地行香，乞求圣灵保佑。郑和也信奉佛教，也是佛门弟子，并取法名为“福善”。明朝人以佛教中的佛、法、僧三宝来尊称郑和为“三宝太监”。也有人认为“三宝”是内官的通称，后认为郑和旧名是“三保”。

朱元璋建立明朝以后，开始注重和四邻建立友好的关系。到了永乐帝时期，对于下西洋的人选，永乐帝做了慎重的选择。要完成这一重大的历史使命，不但要有出色的才能，还要有机智的外交才能和敢于冒险、不怕苦难的精神，最后永乐皇帝在他周围的人群中最后选中了郑和。

时年34岁的郑和，领受了下西洋的任务，这对他来是一个巨大的鼓舞。他想到，幼年时，父亲经常对他讲述去朝拜天方的航海故事，印度洋上的惊涛骇浪，麦加圣地宏伟的礼教堂，各国的奇风异俗，无不吸引着他，他多么希望自己也能乘风破浪到世界各地去！伟大的理想终于变成了现实。

明初大量的物资都聚集在南京和北京，在这两个地方都建有库藏。郑和下西洋所用的一切物资大都从南京仓库支取。从南京仓库支取的货物主要有丝织品、瓷器、铁器、粮食、布匹、书籍、金、银铜，钱财和其他生活用品等。

明初，政府在全国的许多地方设立了造船厂。南京建立的龙江造船厂规模最大，郑和下西洋的宝船大多在这里建造。淮南的清江船厂的规模也很大。在当

时的大船厂里，分工很细，有严格的管理制度。明初的造船业，既发展了前人的技术成果，又积累了很多的技术经验。宝船的下水问题，采用船坞的方法，解决了大船造好后下水的问题。创造了水密隔舱，就是每一个船舱之间严格地隔开，如果有一处漏水，不致影响全船。宝船粗短，在海水中稳定性强，船体能抵抗海浪冲打。

郑和历经无数次的艰难险阻，在二十八年的航海生涯中先后七次下西洋，到达东南亚、南亚、伊朗、阿拉伯、非洲

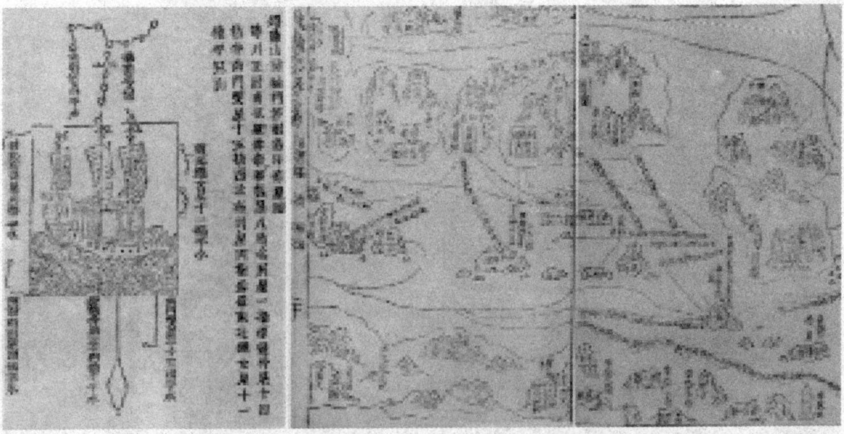

东海岸和红海沿岸共三十多个国家和地区，加强了中国人民与亚非人民的友好关系，显示了中国人在造船、航海等方面的高超技术，证明当时中国在世界航海事业中居于领先地位。郑和统率船队下西洋，普通船只一般每次达二百六十余只，大中巨型宝船六十余只，宝船估计为一千五百吨级，能容纳约二万七千人。郑和下西洋打通中国至东非海岸全程的海上交通，约一万五千英里。郑和下西洋，比其他国家的航海家早了近百年。无论在人数、船队规模、舰船与质量都远远超过了此后欧洲中世纪的航海舰队。

当时，中国以南海为界，把通往各国的海路划分为东洋和西洋。郑和七次出使航海都是走的西洋航线，到达的国家大都是西洋国家，所以人们称他的航行为“郑和下西洋”。郑和是明成祖永乐皇帝信任的太监，人称“三保太监”，佛家语音转为“三宝太监”。因此“郑和下西洋”

在史书上又称“三宝太监下西洋”。郑和下西洋，是明初的一大盛事，也是中国乃至世界航海史上规模最大、持续时间最长、影响最为深远的航海活动。

郑和下西洋，展示了中华民族不畏艰险、勇往直前的英雄气概和开拓进取、海纳百川的宽广胸怀，为我们留下了宝贵的精神财富。六百年前，面对人类还知之不多的广阔无垠的海洋，面对险象环生的长途远航和种种难以想象的困难，郑和与他的船队没有退缩，以无所畏惧的英雄气概，一往无前，百折不挠，继汉、唐、宋、元各代与世界各国人民陆上交往的不断

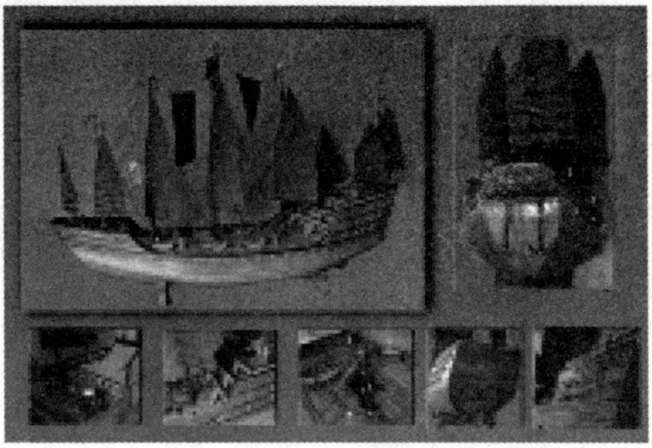

扩大，又开辟了中华民族从海上走向世界的新纪元，将中外交流提高到新的水平。

从整体上来说，郑和下西洋的这一时期，中国的造船技术已经达到很高的水平，主要体现在船本身的优越性上，主要有以下几个特点：

船的平面呈四边形，方首、方尾，没有龙骨，有为了加固船体而设的隔壁，并且，船大体上是平底，横断面为四角形；采用推进法，有自动反转推进工具橹，在技术上比欧洲早了一千年以上；帆和帆的装置很先进，是一种具有多根桅杆的多桅船，可以逆风航行，这在很早以前就已经出现了；在操船这一点上，以舵的发明为主的操船装置，有了很大的进步；此外，船体上层建筑和装甲板的实用化更是让人惊叹。

（二）意志坚定的法显

法显是中国东晋时代的高僧，也是中国著名的旅行家和翻译家。公元334年，他出生在平阳郡武阳一个龚姓人家。法显在局势动荡、战乱不休的岁月中度过了他的前半生，也是在这种混乱的形势下开始他的佛国之行的。

法显有兄长三人，都在幼年夭亡。他

的父母害怕他也遭到不幸，在他3岁时就把他送到庙里当沙弥，以乞求佛祖的保佑。他10岁时父亲逝世，不久母亲也不幸身亡，使他将更多的精力投入到虔诚信佛中。法显20岁时受大戒。他聪明、正直、有志气，能严格遵守教义对僧侣的约束，受到人们的尊敬。但是当时还没有完整的戒律典籍，僧侣们都不守清规，法显对此深有感触，便立志亲自去佛国求法。

公元399年3月，已经65岁的法显约了众僧侣一行五人，从长安出发西行求法。他们沿着河西走廊西行，当时河西走廊一带割据势力林立，所幸的是，这些割据一方的统治者多崇信佛教，所以法显一行得以顺利通过那里。后来求法队伍逐渐增大，但是到了最后只有法显一个人得以顺利回来。法显在公元409年来到斯里兰卡，被岛上浓厚的佛教氛围所吸引，他花了两年时间抄集岛上的经律。他在回国后撰写的游记中把斯里兰卡称为“狮

子国”，他的描述引起了研究早期中斯关系的学者广泛的关注。

法显等人曾经离开敦煌后，出阳关西行，进入了著名的白龙堆大沙漠。他们之后所到的地方都是沙漠地带，这里的地域气候极为干燥，白天酷热，夜里则很寒冷，天气变化无常，东北风一刮，沙子弥漫天地。无论是人还是牲畜都会被埋没在沙漠里。

法显一行人所到达的西域主要是今天的新疆和田一带。他们受到了当时君主

的热烈欢迎和礼遇。他们在那里对佛教有了更深的认识。

法显他以65岁的高龄从中国的长安(今西安)出发，花了六年时间，过流沙(泛指今新疆中部大沙漠)，穿越葱岭(帕米尔高原以及昆仑山、喀喇昆仑山脉之总称)，到达印度的北天竺和中天竺地区，当他抄录了印度的佛经之后，不愿再从陆路返回，而是听从了一位船长的劝告，先到斯里兰卡，在那里等待回国的船只。这就是他光荣并且伟大的航海经历。

（三）第一个抵达地中海的中国人——杜环

杜环是我国历史上著名的唐代史学家杜佑的族子。天宝年间，他出征西亚。杜环在战争中被俘虏，从此，他漫游了阿拉伯的许多国家和地区，到了地中海东岸，走完了古代丝绸之路的全程。十一年过去后，杜环乘上商船，沿着海上丝绸之路踏上归程，最后抵达广州。唐代，由广州乘船过南海，经越南南部南下，穿过马六甲海峡，进印度洋进入斯里兰卡，绕过印度南端，到达波斯湾，沿着幼发拉底河

到巴士拉，这是当时海上丝绸之路最远的一条航线。杜环就是沿着这条航线由大食国回到广州的。

杜环是我国历史上第一个到达地中海沿岸留下名字的中国人，也是第一个走完当时陆上丝绸之路和海上丝绸之路全程的有名的旅行家，他的全部行程约八万里。

杜环的旅途见闻，主要见于他的著作《经行记》。公元762年，杜环回国后，他

根据自己的回忆，把在漫长的旅途中在各个地方的见闻写成书，并且引起了当时人们极大的兴趣。随着岁月的流逝，这部书不幸失传了。但值得庆幸的是他的叔叔杜佑把他的书中的一些片段摘录到了自己的著作《通典》中，所以，杜环的记录得以在后代流传下来。中国的现代学者认为，杜环的这部著作在历史上占有很重要的地位，杜环虽然没有给后人留下更多的事迹，但是《经行记》一书是他给后人留下的弥足珍贵的文化遗产。

在杜环所处的这一时期，唐朝和中亚、西亚以及非洲各国的往来极为频繁，经济和文化的交流及影响是非常广泛和深入的。这种频繁的交流和友好往来，大大加强了人民之间相互了解并建立了深厚的友谊，促进了双方社会经济文化的发展，丰富了人民的物质和文化生活。这些都在杜环的《经行记》中有所体现，同样，这部书为后人留下的许多珍贵的记载也进一步证明了这一点。

（四）吴哥文化的传播者——周达观

周达观，自号草庭逸民，元代浙江省温州路永嘉县人。生卒年月及生平事迹不详，只知道他在元成宗时期奉旨作为师团成员出使真腊（即现在的柬埔寨地区）公元1296年到达真腊。他在真腊生活了一年多，周达观仔细观察了吴哥窟恢弘而又精致的独特建筑群体，体会了包藏其中博大精深的文化底蕴。回国后根据亲身见闻，写成《真腊风土记》一书。他去真腊时，正是真腊国力强盛之时。因此，《真腊风土记》是吴哥文化盛况的目击者留下来的唯一的记录，它广泛地反映了吴哥时代的社会风貌，生动地展现了13世纪末柬埔寨

的历史画面，它是研究吴哥王朝历史的重要文献。

仅隔百余年，真腊与暹罗(今泰国)发生战争，迁都金边，吴哥终沦为废墟，吴哥文化随即被湮没，无人知其存在。周达观的《真腊风土记》成了世界上绝无仅有的关于吴哥文化的直观纪录。19世纪初，此书被欧洲人莱慕莎译成法文后，使人兴起寻找废墟之念，从而影响不少欧洲人东来，加速东西方文化交流。法国人占领柬埔寨时期，博物学家孰亨利·莫霍就是凭借《真腊风土记》的法文译本寻访到了已经湮没了的吴哥窟，使沉睡多年的吴哥古迹，得以重现人间。

周达观也对其地地理有颇详尽的观察。如《总序》记从宁波至占城的路线，对所经港口、水路、城市、里程均详尽记载，这加强了中外交通往来联系，并且扩大了国人的地理知识。历代更替，国人多流寓外地，他的出使，为元代移居真腊华侨的情况提供了详实的数据。而且此书对当地的语言、风俗及贸易记载甚详，这对两地的经济文化交流，有一定的影响及参考价值。

周达观与真腊人建立了深厚的友谊。在真腊的一年中，他向真腊人学习语言，反映在他的著作中，几乎所有的事物，都有用音译记载的真腊语的说法。他对真腊人民的勤劳智慧，对吴哥的雄伟，对真腊的建筑艺术发自真心的钦佩，深受感动。他到处去查访，深入到人民的饮食起居中，对真腊的历史、宗教、文化、经济、风土人情进行了详的调查与记录。

周达观当然也向当地人民介绍了中国的情况。他曾把中国的荔枝种子带到真腊。据说在真腊只有一座小山上，能够种活荔枝。真腊的艺术家，在吴哥寺内为周达观建造了雕像，以示纪念。周达观作为中国和柬埔寨人民传统友谊史上的一位重要的历史人物，受到人们的尊重和怀念。

（五）留下伟大著作的汪大渊

汪大渊，字焕章，江西南昌人。生卒年月以及生平事迹，没有更多的史料。仅从他的著作《岛夷志略》中得知，他经常四处游历。他在书中记述所游历的地方共九十九处，所到地方，皆记其山川、习俗、风景、物产以及贸易等情况。全书收录地区达到二百二十几个。

汪大渊在泉州长大，泉州位于福建

东南沿海地区，这里港湾交错，水道深邃，是海外交通的重要港口。从泉州起航的海船开往近百个国家和地区。在泉州城内，居住着众多的大食人、印度人、波斯人。在泉州成长的汪大渊自幼耳濡目染，对海上航行产生了浓厚的兴趣。

汪大渊曾经两次远航。约在公元1330年，他怀着年轻人的蓬勃朝气，毅然出海，开始了他的第一次西洋之行。第一次的远航从泉州经海南岛、占城、马六甲、爪哇、苏门答腊、缅甸、印度、波斯、阿拉伯、埃及，再横渡地中海到西北非洲的摩洛哥，再回到埃及，出红海到索马里，折向南直到莫桑比克，再横渡印度洋回到斯里兰卡、苏门答腊、爪哇，再到澳洲，从澳洲到加里曼丹岛，又经菲律宾群岛，最后返回泉州。大约费时五年他才返回故乡。回来后，汪大渊曾利用空闲时间对旅行笔记加以整理。大概两三年以后，他再次出海，仍以泉州为起点，这次他游历南洋群岛，印度洋西面的阿拉伯海、波斯湾、红海、地中海、莫桑比克海峡及澳洲各地，时间要比第一次短，大约为三年，公元1239年重返泉州。

第一次出海，汪大渊游历了当时中南半岛的许多国家，如交趾、占城、真腊、

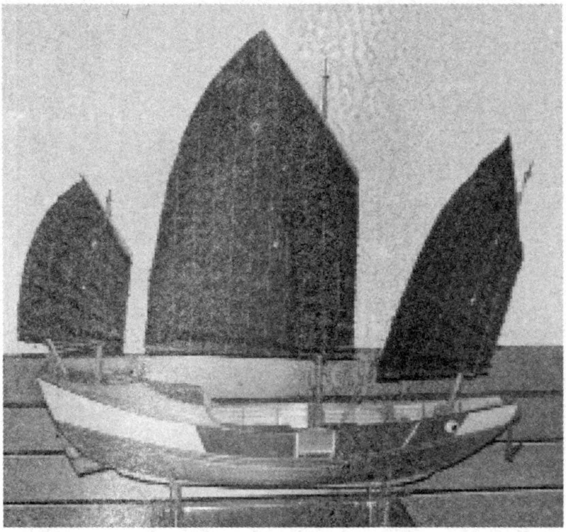

鸟爹等国家。交趾与元朝之间的贸易很发达，向元朝输入沙金，白银、铜、象牙、肉桂、槟榔等。汪大渊记载交趾那里“地广人稠，气候长热，田多沃绕，崇尚礼仪，有中国之风”。汪大渊还游历了当时的泰国、真腊等地方。

汪大渊还几乎游遍了印度东西海岸的各个城镇，如大乌爹、古里佛、放拜等地方，并记载了一些有趣的见闻。汪大渊还在马纳湾内参观了采珍珠的情况，他怀着极大的兴趣对其进行了详细地介绍与记录。他还记录了斯里兰卡盛产宝石，以及高步浪、明家罗等都是当时的红宝石产地，也是宝石市场，吸引了许多宝石商人，“舶人兴贩，往往金银与之贸易”。

在印度洋西部，有一片大的珊瑚岛，

这就是马尔代夫群岛，汪大渊在书中称为北溜。汪大渊游历了波斯湾沿岸的许多个地方，最后到达波斯湾尽头的名城波斯离。汪大渊的这次西洋之行，大概用了五年，去国有万里之遥。五年的海上生活虽然饱经风霜，却也令他大开眼界，增长知识，真是不枉此行。

汪大渊第二次出海，曾进入过有小东洋之称的菲律宾群岛。自宋朝以来，菲律宾与中国的贸易往来就很密切，对中国高度发展的文明深为向往。人们以能到中国为荣，当地的风俗很重视到过中国的人。

《岛夷志略》是有关当时亚、非各国的实况记录，涉及的内容是相当的广泛。由于汪大渊是随着商舶出航，所游历的地方多是商港，所以除了留意各地的山川气候、风土人情之外，还特别收集了当地的物产和商品的产销情况。所以此书不仅给世界自然地理、经济地理提供了重要的参考资料，而且人们从中可以了解到元代外贸史的一个侧面。从书中所记，人们可以知道中国当时主要的输出商品，仍然是丝绸等纺织品。同时，陶瓷产品也成了大众的出口物品。这两项几乎远销到亚非各国，近年，各地遗址中出土中国陶瓷之多，也证明了这一情况。当时出海的商

船不仅带去了中国的商品，沿途也有贩到当地的特产。可惜汪大渊除《岛夷志略》外，未见有其他著作传世，汪大渊的晚年生活也无记载可寻，但是他对世界历史地理的伟大贡献，是早为中外学者公认的。

（六）为了实现梦想的义净

一部《西游记》使唐代高僧玄奘到印度取经的故事家喻户晓，玄奘也以唐三藏、唐僧的形象出现而成为神话人物，为老幼所熟知。相比之下，稍后于玄奘出世的唐代高僧义净，就显得鲜为人所知。其实，义净也是唐代的一位佛学大师，他比玄奘小二十七岁。在中国的佛教史上，义净也是非常重要的一位人物，并且对我国的海外交流也做出了巨大的贡献。

义净，俗姓张，字文明，山东历城人。义净少年出家当和尚，手不释卷，专心研究佛家经典。年方十八，他就立志，去佛教的发祥地游学。咸亨元年，他从京师长安南下，从广州乘船至室利佛逝，在那里学习了六个月的梵语，然后去印度。垂拱二年，他又回到室利佛逝。永昌元年他回广州后，邀请另外四位僧人同去室利佛逝。义净在国外研究和翻译佛经二十四年，三次羁旅室利佛逝，前后共达十余年。

义净作为一个航海家，他从37岁出国航海，到六十多岁回国，几乎在海上度过了半生的时光。他水陆兼行，历尽无数艰辛，二十五年的时光，到过三十几个国家

和地区，终于功成而回。

义净所撰写的《南海寄归内法传》是一部非常重要的著作。全书四十章，记述了印度的医药学、人民的生活习俗、僧侣的寺规、礼仪和其他见闻。书中介绍的当时印度和南亚各国佛教传播的情况，是研究佛教发展史的重要资料，有助于人们了解中世纪时佛教在南海各地的传播情况。义净的著作在世界上受到学者们的广泛关注。

庚辰为
九土写西林三十二景
张复

五、官民共促的古代贸易

(一) 殷人与商人的献礼

18世纪以来，欧美的一些学者对中国的《山海经》做了详细的研究，对哥伦布第一次发现美洲新大陆的说法提出了质疑。他们的研究结果认为，最早到达美洲新大陆的人不是意大利人哥伦布而是中国上古时期的殷人。

一些外国的学者认为：中国的《山

海经》这部世界上最古老的地理志，是一部包括整个世界旅行的记叙，它的成书年代在公元10世纪前后；这部书的《山海东经》《大荒东经》中的描述，似乎同墨西哥的科罗拉多大峡谷地区有关，而《东山经》中的叙述仿佛同北美洲、中美洲和墨西哥湾地区有关。于是，他们提出了中国人早在公元前11世纪就已经到达了北美洲的说法。后来学者的考古发现表明，在墨西哥及美洲地区有许多遗物和遗迹具有中国商代文化的特征。有的学者还推测，这些殷人是从山东半岛下海，南下到台湾岛，又沿琉球群岛北上至日本列岛，再向东北经阿留申群岛到达北美洲的加利福尼亚海岸，然后循海岸到达墨西哥，在那里定居下来。美洲海岸的那些具有中国商代文化特征的遗迹，就是这些殷人带到美洲大陆，并传播到南美洲的。

近年来，在美国的加利福尼亚州沿海，先后发现两处古代海船使用的“石锚”，一些学者断定它们来自亚洲，有些学者更断定这些是中国人航海到美洲所遗留下来的产物。但这些观点都存在争论，有的学者还认为中国的商代根本不具备横渡太平洋的航海条件，北美洲新发现的“石锚”，也不一定是亚洲的遗物。

我国是很早就出现了舟的国家，但具体所出现的时间已经不能准确地考证了。但可以肯定的是至少在新石器时代我们的祖先就广泛使用了独木舟和筏，并以其非凡的勇气和智慧走向海洋，为我国的航海业奠定了基础。在我国的原始时期，社会生产力水平极其低下，所以我国古代先民所处的自然环境是极其恶劣的，但是，我们的祖先并没有被恶劣的自然环

境所征服，而是不断地与恶劣的自然环境相抗争，并且在这不断的抗争中创造着一个又一个的奇迹。

舟和筏的制作是很容易的，即使是在原始社会物资相对匮乏的时代。因为它易于取材，制作简便，是很好的水上工具。我国各族人民利用当地丰富的资源制造了各种形式的筏，如江南的木筏，漓江上的竹筏，黑龙江鄂伦春族的桦树皮船、藏族的牦牛皮船、九曲黄河沿岸的羊皮筏等。这些舟和筏的产生对我国古代交通的发展起了很重要的作用。这些舟和

筏的制造可以足够说明中国在远古时期已经有航海活动这一事实，并且是毋庸置疑的。

我们还可以通过一些出土的文物来对我国古代先民的航海历史进行考证，比如说在蓬莱紫荆山遗址中出土了辽东半岛新石器文化的典型器物直口筒形罐，还出土了作为辽东小朱山中层文化为主要特征的几何形纹，如平行斜线纹、叶脉纹、网络纹、印压纹等纹饰的陶器。在旅顺口郭家村上层发现了又黑又亮又薄、轮制磨光的黑陶及精制的三足杯之类陶器。上述的考古发现都说明了山东半岛的龙山文化已交流渗透到了辽东半岛沿海地区。这种地区间的文化渗透是远古先民不断进行航海探索的结果。

我国远古时代的航海方法一定是很原始的，但必须有最可靠的陆标定位来导航。我们的祖先要把熟悉的地形地位

保持在自己的视线内及记忆之中，以保证不迷失方向。

根据考古的发现，在我国的夏朝就已经出现了船的基本雏形，都是木质的帆船。这时期的船只制造已经进入了有规划的阶段，造船技术已经有了基本的工艺。夏代生产力进入了飞跃发展的阶段。这时也有了规、矩、准绳等木工生产工具。夏朝建造木板船的条件已经相当成熟。

随着夏朝社会生产力的发展以及我国远古先民对造船技术的不断改进，在夏朝时已经出现了帆船。这时候，有了带帆的木船，就为我国古代先民航海提供了有利的条件。船上有了帆，这就大大推

进了船前进的速度。这是船舶推进动力的一次飞跃，也是人类对自然风力资源创造性的开发。木板船上使用了风帆，就可以因风致远，使航海范围日益扩大，向大海的深远处前进。帆的出现，反映了我国古代先民的伟大智慧。

到了商朝末年，周武王伐纣，在抵达黄河边的孟津时，姜尚号令参加伐纣的诸侯："总尔众庶，与尔舟楫，后至者斩。"既然大军渡河的工具是舟楫，那么就可以看出周人的造船业已经有一定的规模。在西周灭商后，西周已和朝鲜有了密切的联系，当时既然早已有航海活动，那么和日本有往来也是有可能的。

在江苏连云港锦屏山将军崖上有将军崖岩雕，它刻在黑色岩石上，上面可见农作物、人面、鸟兽、星云等图案和各种符号。这些反映了新石器时代沿海居民的天文知识。他们在多年的航海实践中积累了天文观测的经验，可能已知道利用太阳、月亮和某些星辰的出没规律来辨别方向，以指导出航、返航和进行捕捞等活动。这是人类征服自然、争取生存的必然结果。濒临西太平洋的中国人早在距今七千年前就以原始的舟筏浮具和原始的导航知识开始了海上航行，说明中国和地中海国家一样都是世界海洋文化的发祥地。

由于造船业的发展，殷商时，帝王们已经可以用大量船只追捕逃亡的奴隶了。木板船产生以后，随之而来的问题是它的抗风能力较差，只有当抗风浪能力较强并能借助自然风力进行较远距离持续航行的木帆船出现后，人类的航海活动才更为主动。

到了春秋战国时期，中国的造船与航海的技术都有所提高。当时东南沿海的居民，被统称为越人。这一时期造船与航海技术的提高与他们的努力有着密切的关系。这些越人用船代替车、马作为主要的交通运输工具，已经掌握了相当娴熟的

驾船技术。建立在今天江苏、浙江一带的吴国、越国，都拥有海上船队。

总之，在先秦时期，我国已有了海外贸易的萌芽。主要是因为在此时期我国的造船技术和工艺已经有了很大的发展，这就为航海的出现提供了可能。

（二）始皇帝的策略

到了秦始皇时期，我国的航海与造船事业更加得到了当时统治者的重视。秦始皇曾派徐福率童男童女数千人从山东半岛下海，去向仙人求取长生不老之药。据说徐福后来所带的人到了日本，并在那里定居。我们不管秦始皇的举动是如何的荒谬，也不需要去探求徐福这些人的下落如何，仅仅是这些人一起乘船出海去远航这一件事，就可以反映出当时的航海技术已

是相当的发达。

秦始皇建立了我国第一个统一的多民族的中央集权的封建制国家。那时我国的国土东到大海，自北往南为渤海、黄海、东海、南海，已形成一个既是大陆又是海洋的国家，为航海业提供了极为有利的地理条件。随着冶铁业的继续发展，社会生产力有了进一步的提高。贸易的发展，对造船业提出了更高的要求。

秦始皇先后五次巡游，除第一次是在公元前220年西巡陇西外，第二次至第五次都是巡游海上。第三次巡游海上是在秦始皇三十二年，秦始皇东巡至碣石，刻石立碑。为追求长生不老又使燕人方士卢生入海求羡门、高誓等古仙人，可最终其不得而归。第二年，命将军蒙恬发兵三十万，北击匈奴，收复黄河以南河套地区。第四次巡游海上是在秦始皇三十七年，秦始皇在统一全国不久后就不辞辛劳多次巡游海上是有其政治、军事、经济目的的。这时，齐、燕、越等沿海之地新并不久，六国遗民充满仇视心理，妄图复国，秦始皇不得不到各地去了解情况，进行招抚工作，加强统治，以防政局不稳。

秦始皇在泰山碑文上写道："既平天下，不懈于治。"他移民改俗，屯戍海防，刻石立碑，炫耀威德，利用沿海地区的经济、航海力量支持边防军事所需。秦朝不仅要发展中原以外的经济，而且要通过沿海港口向海外谋取经济利益。秦始皇统一岭南后就取得了"越之犀角、象齿、翡翠、珠玑"。秦始皇多次乘船航行于江、河、湖、海，如果当时没有较前代发达的造船航海业是不可能的。所以说秦朝开创了我国造船航海业的新时代，是我国航海发展的萌芽时期。

（三）令世人骄傲的汉代贸易

在两汉时期，中国的航海与造船技术

已是相当的发达，航海与造船技术的创新开辟了新时代。汉代的造船业颇为发达，在全国的许多地方都有造船工厂，造船的技术水平比春秋时期的更高。有记载说汉武帝曾经造大船，可以载数千人。

在西汉时期，统一的封建王朝继“文景之治”的太平盛世之后，到汉武帝时期，呈现出一派繁荣的景象。这时期的汉朝，不仅国力强盛，而且对外的影响也迅速地扩大。所以这时期的海外贸易也特别的频繁，这就为我国的航海事业提供了有利的条件。汉武帝竭力加强造船业，建立强大的水师，并七次巡海航行。这一

时期的航海业与造船业已达到相当发达的时期。

据古籍记载和对现代出土的汉代船模的研究，可知汉代已能根据不同的用途和需要造成各种类型的船，有客船、货船、战船等。战船有很多是从民用船只发展而来的。战船比民船的制造要求要高得多。战船结构、性能的要求都很高，首先要坚固，能防御敌人的进攻，还要有攻击性，要配备能进攻的武器，还要求速度，更要灵活，进退自如。所以战船代表了当时的造船能力和技术水平。

汉代我国造船技术已经成熟。最能说明汉代造船技术高超的是“楼船”。楼

船是水军的代称，也是对战船的通称，如把水兵称为楼船卒、楼船士，水军将校称为楼船将军、楼船校尉等。

元狩三年，汉武帝下令在长安城西南挖建了方圆四十里的昆明池，在池中建造楼船。船上能起高楼，所以叫楼船。这是汉代重要的战船船型。楼船秦时已有，汉代时，其规模、形制均较秦时大得多，楼船的大量出现是汉代造船业高度发展的重要标志。西汉有很多水师基地。水师常备军皆驻扎在沿江傍海各要地，属于所在郡守统辖。汉武帝凭借其强大的水师完成了对东瓯、闽越、南越等地方封建割据政权的统一，巩固了海疆，为东南与南方沿海航路的畅通打下了基础，从而开辟了海上丝绸之路。

汉武帝还曾七次巡海，不但规模很大，而且时间也很频繁，有时一年一次，直到他死去的前两年，在69岁高龄时还在巡海。

元封元年春，汉武帝首次东巡海上，

齐人趁机上言海上故事者不下万人。武帝派出了与徐福东渡规模相等的数千人的大船队探寻日本之路。甚至要亲自率船队出海赴蓬莱求仙人，经群臣苦谏才罢。随后他便沿渤海巡行到碣石，向东巡行到辽西，后于五月回都城长安。元封二年春正月，仅距第一次巡海六个月，武帝再巡东莱留居数月，求神仙无所见。

此后，中日航线的中间障碍（朝鲜）被打通，汉人大量迁徙到朝鲜、日本。元封五年冬，武帝先南巡江西、湖南长江中下游造船基地，再从浔阳率一只大船队“自浔阳浮江，射蛟江中，获之”。元封六

年十月，武帝东巡至海上，查元封元年派遣出海寻仙船之下落，因未见返航，再派第二批船队出海东渡。太初三年春正月，武帝又东巡海上求神仙并了解出海船队情况，仍未见返航。四月，封泰山，禅石阁，还长安。

太始三年二月，武帝又东巡，求神仙，至琅琊，然后渡海到成山、芝罘，“渡大海而还”。征和四年春正月，武帝最后一次巡海至东莱，欲亲自浮海求神仙，群臣谏阻不听，适逢海上大风十余日，海水沸涌，楼船不能出港，只得返回。

汉武帝极力开辟海上交通，致力于海上各国往来。汉武帝元鼎六年，统一了南越以后，便派出使者访问东南亚各国。访问的航线是从广州的雷州半岛起航，途经今天的越南、马来西亚、缅甸、横渡印度洋到印度半岛南部的黄支国及斯里兰卡。在《汉书·地理志》中已经有关于丝绸作为商品输出到东南亚以及南亚各国的最早记录。这条南海航线，就是最早的“海上丝绸之路”。

在这条航线上，丝绸源源不断地输出到东南亚以及南亚各国，这就是汉武帝时期的主要对外航线。同时，发展海上交通和海外贸易，必须要创造一定的物质基础，这就是要有先进的造船与航海技术。此时的汉朝造船技术已经有了很大的进步，能够建造相当大的船。

在汉武帝的努力下，汉朝先后开辟了三条重要的海上航线。汉代的帆船开辟了从南海通往印度洋的航线，这是我国历史上的第一条远洋航线，也是世界上最早

开展的海外贸易活动。

这时期，我国海船经南海，通过马六甲海峡在印度洋航行，即自广东徐闻、广西合浦往南海通向印度和斯里兰卡。以斯里兰卡为中转点，中国从此处可购得珍珠、璧琉璃、奇石异物等。中国的丝绸等由此可转运到罗马，从而开辟了海上丝绸之路。古罗马科学家普林尼在他的著作《自然史》中说，罗马恺撒时代斯里兰卡岛的拉切斯等四人从海道出使罗马，据拉切斯对罗马人说，他父亲曾亲自到过中国，还说中国和罗马都与斯里兰卡有直接往来。普林尼还介绍说罗马贵族“投江海不测之深，以捞珍珠”。罗马贵族把珠宝除留给自己享用外，还以它们“远赴赛里斯（中国）以换取衣料（丝绸）”。

（四）活跃的隋唐时代

隋唐时期，中国的海外交通在前代发展的基础上，出现了一个蓬勃发展的新局面。中日、中朝之间开辟了更加方便的航路，南海航路上的大食、波斯、天竺、昆仑

等国的海运也进一步地兴起，大批的商船来华贸易。中国第一次出现专门管理海外贸易的机构。海上丝绸之路呈现出前所未有的兴盛景象。

这个时期的统治者对发展对外贸易都持有很积极的态度，这就对我国这时期的造船与航海事业有了很大的帮助。隋炀帝接受大臣的建议，在洛阳允许中国人与外国商人贸易，这有了许多通过航海来到中国的商人和大臣。隋炀帝此举显然鼓励了海外的贸易，这样就间接地促进了

我国航海事业的发展。同样，唐政府对海外贸易也是十分的重视程度，唐玄宗封南海神为广利王，这也说明了对海外贸易的重视，同样为我国的航海事业提供了有利的条件。

隋、唐两代王朝国力的强盛以及经济、文化的高度发展所带来的中国在国外政治影响的扩大，也对这时期海外交通的发展产生了重要的影响。至今在一些国家中国人仍被称作为唐人，是唐代在世界上有很高声望的证明。中国周围的许多国家都同隋、唐两朝建立了政治经济上友好往来的关系。隋唐时期，一方面，朝廷有拓展海外交往的雄心；另一方面，隋唐经济的发展闻名海外，致使外国商家和使节纷纷赶往中国，对外交往空前繁荣。唐代山东半岛海上对外贸易的港口主要集中在登州，登州港不仅是连接唐朝与朝鲜半岛和日本重要的出海口，而且是通往渤海和南方沿海各地的中转港口，因此成为北方海洋文明的传播中心。

这时期的造船技术更加的发达。隋朝杨素在武安造“五牙”大舰，上有五层楼，高百余尺，一艘船可以装上百名的士兵。唐代运粮的船，可载重上万斤。唐朝已造出了当时世界上最大的船。唐末所造的战舰可以承载上千人。

这一时期，因“丝绸之路”阻塞和陆路交通困难，海外贸易空前繁荣。中国商船的远航已由印度半岛延伸至波斯湾。中国同印度中南半岛、马来半岛、马来群岛、印度半岛和阿拉伯半岛等国的贸易颇为发达。唐代同日本、朝鲜的贸易也十分活跃。自630—894年，日本遣唐使来华达十三次以上，往返均携带大批商货。

（五）空前繁荣的宋元时代

宋元时期的中外进出口贸易，既给海上丝绸之路带来了空前的繁荣，也对两朝的财政产生了重大的影响。这既有巨大

的收益，也产生了消极的影响。消极的方面是，在丝绸、陶瓷等大量从中国输往各国的同时，一些海商在地方官的纵容之下，把大量的铜钱偷运出口。这种情况在北宋时期就已经相当的严重，到南宋时期便已经是更加的普遍。但是，这时期的海外贸易产生的主要影响仍然使宋元两政府在财政上获得了巨大的收益。同时，这时期，中国经海上丝绸之路通往亚、非国家的范围，比前代更加地扩大，对沿途国家和地区的地理分布，也有着更为清楚的了解。中国的有关官府还绘制了比较详细的海外诸国的地图。

在宋代，无论是南宋政府还是北宋政府，在对外贸易问题上都采取了积极的态度。中国的船只去日本贸易都受到宋朝政府的鼓励，在北宋时期，日本政府禁止日本居民渡海进行海上贸易，但是对宋朝商人航海到日本却很重视。中国商船一到日本进行登记，就可以进行贸易。中国古代海外贸易在国际贸易中长期居于主导地位，但发展过程曲折波动，发展进程迟缓。宋代是中国古代实现对外贸易重心的转移时期，是贸易制度和航海技术创新的时期，奠定了我国古代海上贸易的基本范围。宋代是我国海外贸易发展的重要时期。

在北宋时期，中日之间的贸易主要由海上进行。并且在宋代，海外商人在中国死亡，中国政府负责保护其财产。这一规定引起了良好的反响，对海外商人的这种优待，显然是宋朝政府鼓励海外贸易的一种政策，同样这种优待的政策促进了我国航海事业的发展。据南宋宝庆元年（1225年）赵汝适《诸番志》记载，宋代与五六十个国家和地区有贸易往来。

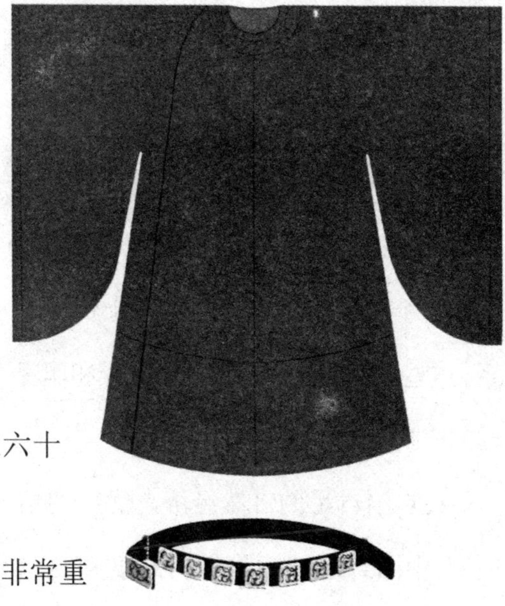

到了元代，元朝政府也非常重

视同海外地区的贸易往来。

元朝政府一占领泉州，就重用南宋末年主管泉州市舶的官员蒲寿庚，让他继续主持泉州的海外贸易。元朝政府还通过福建省向外国商人宣布“其往来互市，个取所欲”。各港口的市舶机构在元朝初年也很快建立起来。虽然在元代曾有过四次的禁海令，但时间都很短，而且都是因为统治者暂时的需要，并不是企图废弃海外贸易政策。纵观整个元代，政府基本上是奉行对外贸易政策的。据元汪大渊《岛夷志略》记载，元代同近百个国家和地区发展了海上贸易关系，这些国家和地区涉及西太平洋和印度洋的广阔海域。

在自给自足的自然经济占优势的情况下，中国封建统治阶级的态度对这一时期的海外贸易的兴衰有着很重要的影响。在宋元时期，虽然有宋金战争和宋元交替之际的战火，但海外贸易却没有因此而衰落，始终保持着发展的势头。就是在南宋初年的战火中，也很快恢复了海上贸易。这种积极发展的势头与当时统治者积极的态度密不可分。统治阶级积极地发展海外贸易，这就为航海事业的发展提供了最有效和最持久的支持。

在宋代，特别是在宋神宗时期，我国造船的工艺已经达到了世界的先进水平。突出地表现在海船载重量的增加方面。除此之外，这时期造船技术的进步同样也表现在海洋气象规律和天文航海技术的掌握以及指南针的应用。大海万里无际、阴晴风雨、变化无穷。认识和掌握海洋气象的变化规律，对于在海上安全地航行具有很重要的意义。宋元时期发达的海外贸易不仅开辟了远程航线，促进了国家之间的经济文化交流，而且还积累了

丰富的航海经验和技术人才，为明朝初期郑和下西洋奠定了基础。

在宋元时期，这些出外进行航海贸易的商船，都有许多船员和水手。每一艘海船上的船员都有严密的组织和分工。船长被称为“纲首”，有的还设有“副纲首”，以下有杂事，也称为“事头”，负责处理日常的一切事务。海船上如此严密的组织和分工，可以使众多的船员和水手动作协调，保证海船在大海中安全地行驶。

（六）成长中的明代贸易

历朝历代的统治者对我国的海上贸易都是采取鼓励和支持的态度，但到了明代却出现了相反的情况。在明太祖继位的第三年，明太祖便派遣使臣向海外诸国宣告明王朝的建立，招诱纳贡。当时日本、朝鲜、琉球以及爪哇、苏门答腊、真腊、占城等十几个国家，都派来了朝贡的使节，元朝以来的大部分朝贡的国家，再次接受向新的王朝纳贡。

然而，明太祖并不喜欢各国来我国纳贡过于频繁，不愿意增加这方面的耗费，因而对纳贡的次数、船只、人数都做了限制。此后，这些国家按照规定，有的三年一贡，有的五年一贡，并且要通过指定的港口才能向明朝纳贡并进入我国。明朝政府把对外关系纳入朝贡的制度下，把对外贸易只限于朝贡的船只当中，并且采用严谨的海禁政策，全面地禁止私人贸易，尤其是禁止中国人航行到海外。中国的海禁政策出现于元世祖至元二十九年，并非明太祖首创。但在明朝，由于皇宫和中国官僚阶层对东南亚的香料等奢侈品的需求，一种由官方主导的与海外各国的朝贡贸易逐渐兴起。朝贡贸易就是通过两国官方使节的往返，以礼物赠答进行

交换的贸易方式。明初的郑和下西洋更是把中国与海外国家的这种朝贡贸易，推向了高潮。朝贡贸易在一定程度上弥补了民间海外贸易衰落带来的损失。

这样，以航海为生业的沿海地区的居民，并没有放弃祖辈所流传下来的职业，开始躲避国禁，来往于海外者不绝。然而，这是一种走私贸易，要期待出现公开贸易那样的盛况是不可能的。于是，唐末以来发展起来的海外贸易从此便衰落下来，商船往来断绝，这是必然的结果。

所有的这些政策都对当时的造船与航海事业起到了阻碍的作用。明太祖之所以采取这样的海禁政策，完全与国际形势相关。在明代初期，政权还没有稳固的时期，与外国之间的频繁联系并不是好事。因而，在这种时候，明太祖特别注意武装商人集团——倭寇活动。元代末期，日本人的海外活动就已经很频繁。他们当中的一部分人，一面从事贸易，一面伺机做海盗，出没于朝鲜半岛及中国的东南部，尤其是浙江、福建一带地方，四处进行劫掠。于是，政府因为这些原因，禁止了私人贸易。而且，倭寇不仅只限于日本人，亦有中国人参加，所以中国人航渡海外，也是不被允许的。

在明太祖以后，海禁政策被作为“祖法”沿袭了下来。明王朝并不是像元朝那样是个开放的国家，连派遣郑和统领船队下西洋、对外贸易显示出积极态度

的明成祖也没有例外。明成祖的立场，是促进海外诸国的朝贡，以维持发展官营贸易为主要目的。这时期的郑和下西洋达成了明成祖的意愿，比西方航海家航海时间早、次数多、规模大、技术先进，是世界航海史上的伟大壮举，促进了各国之间的文化经济交流，扩大了中国在海外世界的影响，同时更促进了南洋地区的经济开发。但中国人的私营贸易和航海依然被禁止。在这一时期，我国航海事业的发展速度是非常缓慢的。

总的来说，在明朝中后期以后，海上丝绸之路的贸易活动，已经趋于停滞和衰落。整个明代可以说是我国海上对外贸易由盛转衰的时期。

（七）彷徨中的清代贸易

顺治元年，清军入关，标志着清朝对全国统治的开始。清朝代替明朝，不但政治上有了很大的变动，而且由于长期战争的影响，给社会经济也造成了巨大的破坏。明朝中期以来，海外贸易十分兴盛的福建、广东、浙江、江苏等地，长年不断地发生战争，这种严重的军事对抗，必然影响海外贸易的进行，也就必然会影响航海事业的发展。顺治十二年，清政府为了对付郑氏海军的攻击，防范沿海人民与之联络响应，颁布了一则全面禁海的命令。

由于清朝政府例行海禁政策，中国与外国

的正常海外贸易，几乎是处于停滞状态。从明代以来在宁波、澳门等地设置的市舶衙门，因为没有外国船只进入，事实上已经停摆了。福建一带，本来田少人稠，居民中十之六七，靠海为生。海禁后，商贩断绝，连百姓的粮食也发生危机。著名的外贸口岸，竟被破坏得面目全非。浙江的太湖平原地区，是全国著名的丝织业中心，每年都有大量的丝绸出口，也因为海禁，再加上其他原因，产品滞销，迫使城镇不少作坊停业，工人废织，有的农民甚至忍痛毁弃桑田，把辛苦培植成长的桑树砍伐掉，改种粮食。

禁海的政策堵塞了正常航运的道路，给沿海人民带来了灾难性的后果。但国外又需要物美价廉的中国商品。所以，尽管东南沿海的战火不断，后来海禁森严，也不能完全隔绝与海外的贸易往来，当时中国与海外的贸易途径主要有以下几个方面：

第一：与郑氏集团进行贸易。郑氏家

族本来就是一个著名的海商集团。郑成功的父亲“郑芝龙”雄踞海上，独有南海之利，是沿海一带有名的大富豪。郑芝龙降清后，先是被软禁在北京，后来又问罪处死。留下来的船队先后被郑成功所有。顺治年间，当其他海商因为战乱和海禁而被阻碍贸易的时候，郑成功却派大批商船，四处从事买卖，他的军队所需，大多数是取自于海外贸易。

第二：私贩贸易。禁海以后，外国的商船不能进入中国的海港，可是双方的私贩贸易却一直都没有停止。这种私贩贸易大多数是贿赂地方的官府后，在秘密或者半秘密的情况下所进行的。在福建，他们还和郑氏集团常常通消息，或者是互相依附。从事私贩贸易的一般都是当地的富豪乡绅，有的是官商。

第三：通过澳门的转口贸易。澳门原属广东的香山县，后为葡萄牙所霸占，清初，广东的地方政府设岭南道和香山副将海防官，负责管理和澳门的通商往来。禁海后，澳门方面的商务也受到影响，后经过葡萄牙的多次请求，清政府才允许开放广东和澳门的商路。从此，内地的一部分货物先是由陆路转到澳门，然后再由澳门转到东南亚和欧洲各国。

第四：朝贡贸易。这是沿袭前代的做法。清朝初年，通过海上进行朝贡的国家，主要是琉球等国家，此外，荷兰等西方国家也借机进行海外贸易的活动。清

政府允许这些国家的船队，携带所进贡的货物，随同北运到京师，或者在广州进行买卖。康熙四年，正式设定三年一贡，广州为其进出的口岸。由于清政府种种的限制，朝贡贸易的规模很小，但在海禁时期，通过官方的途径，保持一定的经济关系是非常有利的。

通过以上的简单叙述，我们可以看到清初的社会非常混乱，对海外贸易的干扰也非常大。无论是出海船队的数量还是海外贸易的规模都很小。这就说明在清初年间，中国的海外贸易一直处于极不正常的凋敝状态。这些情况都对我国这时期的航海事业造成消极的影响，并且阻碍了航海事业的发展。

康熙二十二年，清朝政府消除了海上抗清的据点，为全面地开放海禁创造了有利的条件。康熙接受东南沿海官员的请求，停止了清初的海禁政策。但是康熙的开海禁是很有限制的，其中最大的限

制就是不许与西方贸易。康熙曾口谕大臣们："除东洋外不许与他国贸易"，并说："海外如西洋等国，千百年后中国恐受其累，此朕逆料之言"。而且此时日本的德川幕府为了防止中国产品对日本的冲击，对与清朝的贸易采用严格地限制。因此，此时的海外贸易与明末相比，已经大为衰弱。

后来，清政府正式解除了海禁，以便

让闽粤等沿海居民自由地出海贸易。清政府开放海禁，一方面是由于全国性的战争已经基本结束，社会经济走向恢复和发展，上下官民对出海贸易的呼声越来越高。另一方面，东南沿海的私贩贸易越来越公开和严重，也使朝廷感到关切。在几经权衡以后，清政府认为与其偷偷地进行海上贸易，不如公开开放海禁，这样清政府便可以从中征收到关税，也有利于国家的财政收入，更加满足了沿海地区居民的要求。

为了筹划开海的贸易，清政府对外贸管理和税收等事务做了一系列的准备。康熙二十四年，清廷宣布在江苏的上海、浙江的宁波、福建的厦门、广东的广州设立四个海关，即江海关、浙海关、闽海关和粤海关。自从唐代以来，历届的封建政府一直设市舶司来管理海外的贸易事务，清政府在初期一度加以沿袭，但没有设立官员，而且常常海陆贸易没有严格地区分。

在清政府发布禁海令以后，市舶司很快就被取消了。这时朝廷不再用市舶司，而是改用海关来替代。海关只是负责税收的事宜，其他的事务都是由地方的官府负责。这些改进的措施加强了清政府对海外贸易的管理。到了乾隆以后，清朝开始实行全面的闭关锁国政策，一开始是四口通商，到后来只有广州对外开放通商，且由十三行垄断其进出贸易。清朝的这种对外贸易政策严重地阻碍了中国资本主义的发展。此时，中国的手工业产品在世界上已经没有了竞争力，中国出口到外国的主要货物是茶叶和农产品。清初期和中期是中国海外贸易的一个低谷。

在清代的对外贸易中，最重要的港口应该首推广州。它是粤海关所在地，很多到东南亚地区的贸易商船，都

在此领取执照后，才能起航。除了广州等传统的港口之外，清代还兴起了一批新的口岸。广东潮州府，从明代以来，就是海商云集之地，开放海禁之后，更加活跃非凡。其中还有沙汕头，据此发展成为该省仅次于广州的一个重要口岸。沙汕头就是今天汕头市的前身。东南沿海一带的海上贸易，在不长的时间里，就有了较大的恢复和发展。闽、粤、江、浙等省商船纷纷航海。同时，外国商船也不断驶往清政府指定的各口岸。

此外，像江苏的上海也是清代发展的重要港口。因为它离日本较近，不少商人多半从事“东洋”贸易，每年采办洋铜的船只都在这里起航。